# ALLOCUTION



## PAR M. L'ABBÉ FARALICQ

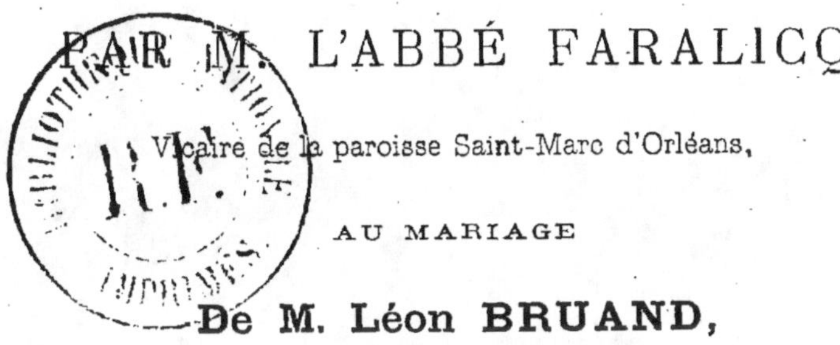

Vicaire de la paroisse Saint-Marc d'Orléans,

AU MARIAGE

## De M. Léon BRUAND,

DOCTEUR EN DROIT,
ATTACHÉ AU SECRÉTARIAT GÉNÉRAL DU MINISTÈRE DES FINANCES,

## Et de M<sup>lle</sup> Lisbeth LOYSEAU,

Dans l'église Saint-Germain-des-Prés, à Paris,

LE 26 AVRIL 1877

---

## ORLÉANS

IMPRIMERIE DE GEORGES JACOB

4, Cloître Saint-Étienne, 4

—

1877

# ALLOCUTION

PRONONCÉE

## PAR M. L'ABBÉ FARALICQ

Vicaire de la paroisse Saint-Marc d'Orléans,

AU MARIAGE

## De M. Léon BRUAND,

DOCTEUR EN DROIT,
ATTACHÉ AU SECRÉTARIAT GÉNÉRAL DU MINISTÈRE DES FINANCES,

## Et de M<sup>lle</sup> Lisbeth LOYSEAU,

Dans l'église Saint-Germain-des-Prés, à Paris,

LE 26 AVRIL 1877

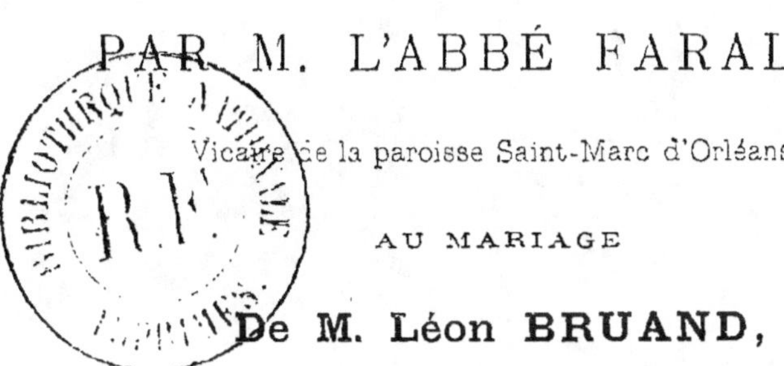


ORLÉANS

IMPRIMERIE DE GEORGES JACOB

4, Cloître Saint-Étienne, 4

1877

Mon cher Léon,
Mademoiselle,

Vous m'avez convié à l'honneur et à la joie de consacrer
vos noces. Vous avez voulu que la prière sacramentelle et
les hauts enseignements de l'Église, en cette solennelle et
décisive circonstance, eussent en moi leur interprète ; vous
avez espéré que les bénédictions sortiraient plus fécondes
de mes mains, et que plus écoutés seraient les accents
de celui qui vous est si étroitement uni par le sang et
par le cœur !... Grâces immortelles soient rendues à Dieu
de m'avoir choisi pour être auprès de vous en ce moment
l'écho de sa propre parole, de m'avoir fait pour vous déposi-
taire de ces richesses qui sont les plus solides assises
du foyer que vous allez fonder, et sa force et sa gloire,
qu'aucun accident humain ne saurait vous ravir !

Au sentiment profond de la grandeur des pouvoirs dont
le ciel m'a investi s'en joint un autre que je ne tairai pas,
car je vous en dois l'exquise émotion. Quelquefois, quand
l'Église bénit des alliances, elle apporte avec ses bénédictions des alarmes et des inquiétudes. Dans ces temps si

troublés, trop souvent, en effet, il lui arrive, en jetant un regard sur l'avenir des jeunes époux, de ne pas en voir les routes préparées par les anges du Seigneur

Ces angoisses sont bien étrangères à mon cœur à l'heure présente. Il semble que tout, comme dans un tendre et attendrissant rendez-vous, dans les présages les plus aimables et les plus consolants, tout, la foi, la piété, la famille, l'amitié, le service des grandes choses, de l'âme, de Dieu, de l'Église et de la patrie, tout concourt ici à appeler sur vos têtes les bénédictions qui font les foyers chrétiens et les foyers heureux.

Et maintenant, vous attendez que je vous révèle les excellentes choses que l'Église enseigne au sujet du mariage. Dieu me donne de le faire en toute dignité et sagesse ! Je ne veux rien vous dérober des profondes et touchantes leçons de ce jour. Mais, pour commencer, regardons du côté du ciel.

C'était alors dans les splendeurs de la grâce originelle, sous les berceaux de l'Eden primitif, à ce moment où Dieu ayant édifié ce palais, selon le langage de Bossuet, allait y appeler le roi de la création et lui confier un sceptre : *Dominamini* (1). Tout avait ainsi passé sous le regard, sous la main, sous la puissance d'Adam. Dieu contemple ce dominateur, et, après s'être applaudi, il se dit à lui-même : « Il n'est pas bon que l'homme soit seul (2). » Et, envoyant le sommeil mystérieux, il prit une partie du bouclier qui

(1) *Gen.*, i, 28.
(2) *Id.*, ii, 18.

recouvrait la poitrine d'Adam, et il en fit la compagne de ses jours. Adam ouvre les yeux, reçoit Ève des mains de Dieu, et, ravi d'admiration, s'écrie dans ce premier cantique des joies de la famille : « C'est ici l'os de mes os et la chair de ma chair (1). Elle se nommera *virago*, parce qu'elle a été tirée de l'homme. Et l'homme quittera son père et sa mère pour s'attacher à son épouse, et ils seront deux dans une seule chair (2). »

Adam chante et prophétise dans ces paroles toutes les destinées de l'humanité, dont il est le chef. Il chante la loi immortelle du mariage ; il en prédit les nœuds indisso-lubles ; il en salue les devoirs et les beautés avec le cri spontané de la nature et l'abandon charmant du premier amour.

Ainsi fut institué le premier mariage. Dieu le bénit alors : « Croissez et multipliez-vous, leur dit-il, et régnez sur l'univers (3). »

Cette bénédiction a été répétée d'écho en écho à travers tous les âges de la nation juive. Quand la terre, sortie des eaux vengeresses du déluge, a repris sa verdure, ses fleurs et ses fruits, le mariage reparaît dans toute sa pureté et toute sa grandeur. Rappelez-vous ces alliances patriarcales, dont l'Écriture nous offre si souvent le délicieux tableau : la tente d'Abraham est honorée par la fidélité de Sara. Après la mort de Sara, elle demeure vide, désolée, jusqu'à ce qu'une jeune épouse lui rende la parure et la vie.

Nommer Jacob, Tobie, Sizara, Judith, Esther, c'est

(1) *Gen.*, II, 23.
(2) *Ibid.*, 24.
(3) *Ibid.*, I, 22.

rappeler les gloires les plus pures des mariages sur lesquels Dieu a veillé du haut du ciel.

A ce contrat premier des âmes, à cette association organisée par Dieu avec tant de noblesse et de charme, le vieux paganisme et les vieilles civilisations opposèrent une solution impie et cruelle : la domination absolue et exclusive de l'époux Ils jetaient ainsi la pauvre femme à un foyer, sans droits, sans honneur, sans dignité, sans paix, sans joie, sans sourire ! Instrument fécond et profané, relégué au loin.

Quand le Christ descendit, lui, l'aimable et gracieux restaurateur de toutes choses, il daigna s'asseoir à un foyer nuptial, et, prenant la famille meurtrie, il s'inclina comme le charitable Samaritain ; il versa l'huile et le baume et guérit les blessures. Dieu s'étant fait homme pour rapporter du haut du ciel à l'homme toutes les bénédictions perdues, vint sur la terre pour y rétablir le mariage comme tout le reste ; je vais plus loin, et je parlerai plus juste en disant : pour y rétablir le mariage plus solennellement encore que tout le reste. Il en rappelle l'unité, opposant la Genèse aux questions captieuses des Pharisiens : « N'avez-vous point lu que Celui qui créa l'homme au commencement le créa un seul homme et une seule femme, et qu'Il dit : L'homme quittera son père et sa mère et demeurera attaché à sa femme (1) ? » Puis, continuant, il commente le texte et y ajoute cette force nouvelle : « Ils ne seront que deux dans une seule chair (2). » Il ira plus loin ; l'union sera si

_______________

(1) S. Matth., XIX, 4.
(2) Ibid., 5.

parfaite qu'ils ne seront plus deux, mais un, *jam non sunt duo sed una caro,* un seul cœur, une seule âme, un seul corps, une seule vie, voilà l'unité du mariage restaurée, consacrée et son indissolubilité proclamée dans ces termes : « Que l'homme ne sépare pas ce que Dieu a uni (1). »

Je ne serais pas complet, enfin, si je taisais l'amour de prédilection de Jésus pour la famille. Son premier miracle eut pour témoins de jeunes époux, pour théâtre un festin de noces. Nous voyons plus tard son cœur s'émouvoir, sa puissance éclater dans les joies et dans les deuils qu'il rencontre. Dieu donc a uni les époux dès l'origine. Il les a faits l'un pour l'autre ; il les a créés l'un de l'autre. Son Verbe vient dans le temps sceller par une grâce nouvelle l'alliance dont il redit l'unité primitive et les nœuds infrangibles en l'élevant à la dignité de sacrement. Comme il devait terminer sa mission en consacrant pour jamais des prêtres, il la commençait en consacrant pour jamais des époux. Et les apôtres, saint Paul à leur tête, et les Pères après les Tertullien et les Augustin, ces interprètes, divinement assistés du ciel, comparent avec autant de piété que de profondeur l'union conjugale à l'union de Jésus-Christ avec son Église : « Ce sacrement est grand, je dis dans le Christ et dans l'Église (2). »

Vous êtes donc le symbole du Christ et de l'Église. Soyez toute votre vie ce symbole pur, étincelant ; ne ternissez en rien ce tableau que l'Église vous fait offrir au monde.

(1) S. Matth., xix, 6.
(2) Épître aux Éphésiens, v, 32.

Qu'on dise, en vous voyant passer : Que l'incarnation est belle !
quelle splendeur inouïe elle répand au sein de la famille !
Vous êtes rivés l'un à l'autre ; il y a entre vous des soudures
sacrées, et nul ne peut rompre ce qui est scellé en vous
par Dieu même. Soyez unis comme vous êtes inséparables.
Que rien n'altère dans vos cœurs le pur diamant de vos
chaînes.

L'époux est la tête du corps unique que vous formez à
vous deux ; il est la force, la raison, l'autorité ; qu'il soit la
générosité, la vigilance, la tendresse, et que sa tête s'incline
toujours sur son cœur avant de rendre ses arrêts. L'épouse
porte au doigt l'anneau qui unit l'Église au Christ. Qu'elle
apparaisse comme l'Église, « glorieuse, n'ayant pas de
tache, de ride, ni rien de tel, mais sainte et immaculée (1). »
Qu'elle soit souriante, gracieuse, pleine d'harmonies,
agréable comme la vertu, et, comme elle, toujours voilée,
« ayant, dit saint Pierre, un genre de cœur caché dans
l'incorruptibilité d'un esprit tranquille et modeste qui est si
riche en la présence de Dieu (2). »

Vous, mon cher ami, vous serez le représentant de Jésus-
Christ. Vous devez donc avoir quelque chose de son
éminente sainteté, de sa profonde sagesse, de sa divine
modération ! Et vous, mademoiselle, vous devez à votre
époux toute la tendresse de l'Église de Jésus-Chrit, son
aveugle obéissance, son inépuisable dévoûment. Vous tra-
vaillerez ensemble dans la communauté de la pensée, dans
la communauté du cœur et du caractère, et aussi dans la

(1) Épitre aux Éphésiens, v, 27.
(2) Ire épitre de S. Pierre, iii, 4.

communauté des joies et des sacrifices, soutenus, fortifiés, réjouis de toute la puissance d'une mutuelle affection qui ira grandissant, et non diminuée par les circonstances de la vie; c'est le mot d'une antique liturgie, *in mutuo amore vivant et senescant*, qu'ils vivent et qu'ils vieillissent dans un mutuel amour! Et vous vous aimerez, non pas à cause des fragilités humaines, non pas à cause des charmes de cette jeunesse, non pas à cause de ces embellissements ou de ces parures passagères; vous vous aimerez dans vos âmes; vos âmes, montant vers Dieu, grandiront toujours plus belles! Vos cœurs apprendront les secrets des parures divines et les magnificences de la grâce, *justi ambo ante Deum* (1), et vous pourrez bien dire alors que vous grandissez à travers le temps, jusqu'à l'heure suprême, dans la tendresse d'une affection qui ne sait ni changer, ni mourir, dans les joies suaves et austères de votre vie nuptiale, dans un honneur sans tache!

Vous savez la grande parole qu'Adam et Ève entendirent en recevant, avec les sources de la vie, l'ordre de les garder et de les transmettre : « Croissez, multipliez-vous, remplissez la terre (2). » Cet ordre, le plus important que Dieu ait donné à l'homme, a créé le foyer domestique, les races et les patries, l'humanité tout entière; il peuple le ciel. Il y a six mille ans que cet ordre s'accomplit, et, selon qu'il est observé ou méconnu, le foyer grandit ou s'écroule, la patrie est florissante ou abaissée, le genre humain s'améliore ou décline.

(1) S. Luc., i, 6.
(2) *Gen.*, i, 22 et 28.

L'humanité, la famille, la patrie sont en votre pouvoir. Si donc il plait au Seigneur de répandre la fécondité sur votre alliance, remplissez l'âme de vos fils et de vos filles de nobles et légitimes affections... Apprenez-leur à palpiter et à frémir pour Dieu, pour la famille, pour le pays, toujours pour l'honneur !

Pour Dieu et pour l'Église, cause impopulaire et difficile à servir, je le sais, mais vous leur direz qu'il n'y a pas vaillance à se joindre à la foule ignorante et impie, à tourner le dos à Jésus-Christ, parce qu'il est sur la croix...

Pour la famille, qu'ils gardent un cœur d'enfant...

Pour la patrie, formez en eux un cœur de héros, car il faut regarder au-delà du foyer, agrandir le cercle des affections... Donnez à vos fils la généreuse sensibilité du citoyen ; élevez-les avec une mâle vigueur ; nourrissez-les de simplicité, de loyauté, de sacrifices ; commandez-leur l'héroïsme ; accoutumez-les à la pensée de tomber sur la brèche, de mourir sur un bouclier pour la sainte cause du devoir, pour le drapeau de la France ! Sous le vieux Testament, l'éducation des enfants n'avait pas d'autre programme, d'autre devise : « *Exhortatus suos ut fortiter dimicarent, et usque ad mortem pro legibus, templo, civitate, patria et civibus starent*, qu'ils sachent combattre vaillamment et jusqu'à la mort pour les lois, l'autel, la cité, la patrie et leurs frères (1), » après leur avoir donné, vous aussi, pour signal, pour cri de ralliement, la victoire de Dieu : *dato signo suis Dei victoriæ* (2).

(1) II<sup>e</sup> liv. des Mac., XIII, 14.
(2) Id., XIII, 15.

Ce que nous savons de vous, mon ami, nous permet d'espérer fermement et d'affirmer que vous serez à la hauteur de vos nouveaux devoirs. Il ne me sied point, à raison de la mission que vous m'avez confiée, de faire votre éloge, et pourtant je veux dire à votre épouse ce qu'elle peut attendre de vous, en qui vos parents ont rencontré le fils le plus tendrement dévoué, que vos maîtres, dès l'enfance, et vos supérieurs hiérarchiques ont jugé digne de toutes les distinctions, et, en ce grand événement de votre vie, d'une sympathie dont nous saluons avec reconnaissance le témoignage considérable (1)... Je veux dire encore que vos amis exaltent votre courtoisie, votre aménité, vos bons offices, et qu'enfin, à votre poste d'honneur, vous avez su tenir vaillamment l'épée.

Un tel passé, Mademoiselle, ne répond-il pas de l'avenir? Et ces dons brillants, et ces qualités heureuses, après Dieu, votre époux les doit, et il m'en voudrait de ne pas le proclamer ici, il les doit à ceux que vous nommerez tout à l'heure, avec lui, votre père et votre mère.

Je n'ai pas à vous dire la considération qui s'attache, en leur cité bysontine, au nom qu'ils portent et que vous porterez bientôt vous-même. Plus tôt encore vous saurez et longtemps vous goûterez ce qu'il y a dans leur cœur d'amour et de générosité. De cette haute estime qui les entoure, des affections qu'ils ont su se garder fidèles, vous avez près de vous l'expression la plus délicate et la plus élevée dans l'assistance, comme témoin de vos serments, du

(1) M. Faré, directeur général des forêts, officier de la Légion-d'Honneur, témoin.

soldat illustre dont le rang éminent atteste le mérite et les services rendus (1). Ces témoignages, l'empressement de cette noble et sympathique assemblée, c'est votre honneur, mon ami ; c'est la louange de vos dignes parents. Mais votre récompense, la première et la plus douce, c'est l'épouse que le ciel vous donne aujourd'hui.

Dieu et la vérité parleront plus fort que sa modestie, car c'est lui qui a dit : « *Pars bona, mulier bona, in parte timentium Deum dabitur viro pro factis bonis*. La bonne part, c'est la femme bonne ; dans les rangs de ceux qui craignent le Seigneur, elle sera donnée à l'homme à cause de ses bonnes œuvres (2). » Vous serez donc, Mademoiselle, la récompense de votre mari, parce que vous serez pour lui vraiment une aide. C'est le rôle et la mission de la femme, vous ne l'ignorez pas.

Et, je le sais, l'intelligence, la piété, le travail, la simplicité et le cœur, qui ont présidé à votre éducation, vous ont admirablement préparée à l'accomplissement des devoirs qui vous attendent.

L'apôtre a pour vous, Mademoiselle, un conseil particulier : « Comme l'Église est soumise à Jésus-Christ, ainsi soyez soumise en tout à votre mari (3). Son autorité sera douce et juste, parce que, si vous prenez l'Église pour modèle de votre obéissance, de son côté, il prendra Jésus-Christ pour modèle de son autorité. « Imitez la sagesse, l'assistante du trône de Dieu, comme parlent nos livres

(1) M. le général de division Grenier, grand'croix de la Légion-d'Honneur, témoin.
(2) Livre de l'*Eccl.*, xxvi, 3.
(3) Épitre aux Éphésiens, i, 24.

saints, qui atteint d'une extrémité à l'autre avec force et dispose tout avec suavité (1). » Distribuez le travail et le pain à vos serviteurs, maniez de vos doigts la laine et le fuseau, tenez le repas dressé pour le retour de l'époux... Je redis ces choses après Dieu, qui n'a point dédaigné ces détails.

Causez avec votre mari de ses succès et de ses peines, comme la femme de Messala, qui se faisait raconter les choses passées au Forum. Ne rougissez pas de ce qui vous honore : Alexandre montrait aux princesses de Perse les vêtements que lui avait faits sa mère... Enfin, que votre cœur et votre main s'ouvrent à l'indigent ; c'est bien ici une tradition de famille... Vous aurez des soins, des devoirs, des sollicitudes, des douleurs peut-être encore inconnus ; appuyez-vous sur la tendresse de votre époux et regardez votre mère : vous reverrez en elle cette femme forte des livres saints, qui a mérité par ses œuvres d'être appelée bienheureuse.

Pourquoi dis-je ces choses quand je n'aperçois ici que des perspectives riantes et gracieuses, les plus doux auspices de la terre et les meilleures bénédictions du ciel ? Ayez confiance. Je vois bien des âmes tendrement penchées sur la vôtre à côté de votre père, de votre mère, de votre frère, de votre sœur... Je vois sur votre front des mains bien vénérables (2).

J'entends surtout la prière de ces petits enfants d'Élancourt, dont « les anges voient la face du Père qui est dans

(1) *Sagesse*, VIII, 1.
(2) M. Auguste PILLET ; M. H. DUGUET, témoins.

les cieux (1), » et lui disent que le pain du corps et le pain
de l'âme, l'asile et le vêtement, le travail et l'honneur, un
jour ils l'ont dû d'abord à celle qui fut, Mademoiselle, sœur
de votre mère.

Plus éloquemment encore parlera pour vous le sang de
Jésus-Christ, par le ministère du prêtre vénéré qui fut le
coopérateur, l'apôtre, qui est aujourd'hui le continuateur
zélé de cette œuvre providentielle (2).

Et maintenant, je me tais. Au dieu d'Abraham, d'Isaac
et de Jacob, de bénir. A vous, époux chrétiens, de vous
lever, et, la main dans la main, sous le regard ému de cette
religieuse assistance, de jurer au Seigneur, à l'Église, à
la patrie, à vous-mêmes, un fort, généreux et immortel
amour !

Ainsi soit-il.


(1) S. Matth., xviii, 10.
(2) M. le curé d'Élancourt (Seine-et-Oise), fondateur et directeur de l'orphelinat agricole.